젊음의 자화상

젊음의 자화상

최중영 시집

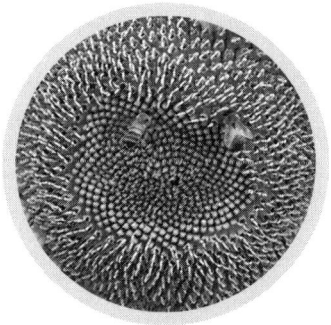

아득북

작가의 말

    책꽂이 한구석 깊은 곳에 누런 황토 빛으로 바랜 원고지가 손에 집혔다. 만지면 부서질 듯한 원고지 속에는 문학소년 시절의 습작 시, 산문, 소설이었다. 하마터면 사라질 뻔 했던 습작품 중 시(詩)만을 골라냈다. 미지(未知)의 꿈과 사랑, 젊음의 아픔과 분노, 미래의 불안과 설렘 등등의 젊은 시절에 겪는 일반적인 현상을 개인의 일기장처럼 엮은 내 자신의 자화상이다.

    젊음을 다시 한 번 되돌아보는 기회를 갖고, 또 다른 인생을 살아가는 밑거름과 삶의 원동력이 되길 바라는 마음에서 고교 학창시절부터 대학 캠퍼스시절, 군대시절, 그리고 사회 초년시절까지의 작품을 한데 모아 보았다. 묵은 종이 냄새의 쾌쾌함을 쓸고 닦아서 4, 50년 전의 작품 그대로를 여과 없이 세상에 내놓게 되었다. 이렇게 정리하고 나니 내 삶의 젊은 시절을 정의(定義)라도 한 듯하여 마음 한편 한갓지고 뿌듯하다.

    본 시집은 문학작품으로써의 작품이 아닌 한 인간의 젊음을 송두리째 넘겨본다는 마음으로 이해하고 봐주셨으면 감사하겠다.

    치열한 사회생활과 힘든 가정생활로 청장년 시절의 문학 감성을 잊게 한 지 어언 40여 년 세월이 흘러서 여기까지 왔다. 유년시절 자라왔던 고향처럼 포근한 낯선 땅으로 건강을 찾아서 얼마 전 내려왔다. 땅이 비옥하고 물이 많은 옥천에서 제2의 삶 〈옥천살이〉를 시작하고 있다. 목공방(木工房)에서 나무를 깎다가 쉴 시간에는 책을 읽고 글을 쓰는 재미가 요즘 쏠쏠하다.

    이제는 시상(詩想)을 다시 가다듬으며 노년으로 가는 길목에서 자연 속에서의 감성을 끌어 올려 마음이 편안하고 풍요로운 제2의 삶을 가꿔 나가고 싶다.

2024년 7월 최중영 씀

추천의 글

깜짝 놀랐습니다. 50년 지기라는 자부심에 자괴심을 느낄 정도입니다.

중영(重榮) 친구의 시(詩)를 읽어보고 중(重)자 무거움에 걸맞지 않게 감성적이고, 내면의 세계가 그렇게 깊은 데에 우선 놀랐습니다. 친구를 처음 만나게 된 고교시절과 그 이후에도 상당 기간 동안 꾸준히 시를 써왔다는 사실을 전혀 모르고 있었던 데 대한 미안한 마음도 함께 느껴집니다.

중영 친구의 문재(文才)에 또한 놀랐습니다. 문학을 포함한 예술과는 동떨어진 메마른 삶이었다고 생각해 왔습니다. 그러나 저만의 착각이었음을 알았습니다. 전문적으로 시를 평가할 만한 능력은 없지만 어릴 때부터 상당한 문학적 소양과 시인의 감성을 지니고 있었던 친구를 새롭게 발견하게 되었습니다.

용기에도 놀랐습니다. 중영 친구의 시는 쓸 당시의 삶이 적나라하게 젊은 시절이 드러납니다. 그걸 맨몸 그대로 드러낼 결심을 한 용기가 놀랍다는 말입니다. 어렵고 고단한 시절을 함께 거쳐 온 터라 시(詩) 속에 그 상황을 금방 알 수가 있습니다. 그런 시절을 의도적으로 외면하고 싶은 저로서는 그 용기가 한편 부럽기도 합니다.

마지막으로 친구에게 부탁하고 싶은 것은 계속 글을 쓰라는 겁니다. 이제는 거울 앞에 선 본인의 모습과 자연과 함께하며 사는 사람들을 노래하는 시를 지어내면 좋겠습니다. 이제 첫 시집을 펴내는 마당입니다. 앞으로 더욱 좋은 시를 쓰고, 새로운 시집들을 계속 출간하길 기대하면서 최중영 시인의 『젊음의 자화상』을 적극 추천합니다.

노동일
전 경희대학교 로스쿨 교수 / 현 파이낸셜뉴스 주필

차례

작가의 말 … 4
추천의 글 _ 노동일 … 6

제1부 젊음의 자화상

입춘대길(立春大吉) … 14
학(鶴) … 15
젊음의 자화상 … 16
투혼 −갈매기의 꿈 … 18
친구에게 친구야 … 21
여승과 시인 … 22
3월의 풍경 … 24
공허로운 마음 … 26
마(馬)의 운명(運命) … 27
입영(入營)의 플랫폼 … 30
기쁨으로 … 34
사나이의 길 … 36
설국의 능선에서 … 37

독백(獨白) '81 … 38
5분 명상 … 40
아쉼 … 42
비탈에 서서 … 43
시한부(時限附) 이방인(異邦人) … 44
베란다에 올라서서 … 45
이태백(李太白)의 후손들 … 46
잔잔한 하루의 소망 … 48
어둠을 사냥하는 파수꾼 … 49
'80을 향한 기원(祈願) … 50
인생무상(人生無常)·1 … 51
인생무상(人生無常)·2 … 52
인생무상(人生無常)·3 … 53
빛을 향한 그림자 … 54
세월에게 물어봅시다 … 56
귀향(歸鄕) … 58
기원(祈願) … 59
향락 그리고 사랑 … 62

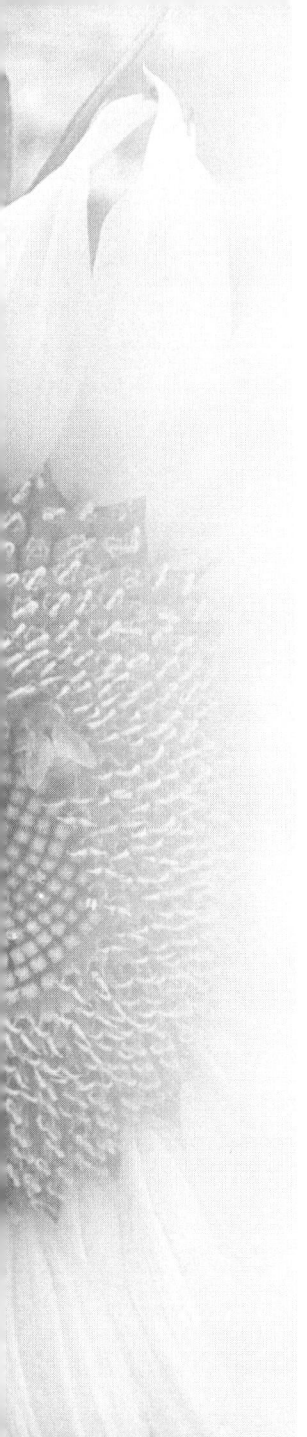

제2부 내 육신에 향을 사르고

변신암(變身岩) … 64
고(告)함 … 66
한 줄기 빛 … 68
공허(空虛)한 이별(離別) … 69
내 육신에 향을 사르고 … 70
그 여가수의 노래는 … 72
무(無)조차도 상실해버린 채 … 74
곡(哭) … 76
4월의 발견 … 77
심곡(心曲)・1 … 80
심곡(心曲)・2 … 81
변명하려는 이유 … 82
정(情) … 84
참회(懺悔) … 85
곡(哭)이 가시지 않아 … 86

현장(現場) … 87
비정(悲情) … 88
쑥부쟁이 … 89
크리스마스의 미아(迷兒) … 90
혼란(混亂) … 92
나그네의 여로(旅路) … 94
이별후의 환상(幻想) … 95
시계(時計) 속의 자아(自我) … 96
시류(時流) 속에서 … 98
개[犬]보다 못한 사람들 … 100
한밤의 애가(哀歌) … 101
겨울의 아픔 … 102
비가(悲歌) … 103
사모곡(思母曲) … 109
이별의 결말 … 110
신라문화제(新羅文化祭) 기행 … 111

시간은 공간에 떠 있고
존재는 하나의 혼으로
빛만큼 무서운 초속도로
유성 곁에 다가간다.

―「투혼」中

제1부
젊음의 자화상

입춘대길(立春大吉)

정돈되지 않은 살림살이를
손끝으로 움직이지 않으면
굶어 죽는 젊은 시인(詩人)은
겨울이 가기 전에
봄을 기다려야지.
청춘이 비틀거리기 전에
봄을 기다려야지.

옛날
선배(先輩) 시인들이 기다리던 마음으로
노란 빛 봄을 기다려야지.
입춘(立春)이면 대길(大吉)이라 했으니 말이다.

학(鶴)

신라(新羅)의 산속에 살던 날짐승
훠얼 훨
작은 산 높은 하늘 아래 둥우릴 틀다.

긴 겨울을 낳고
해동(海東)의 골짜기에서
갈증의 몸부림으로 샘물에 목을 축인다.

그는
사랑과 자유와 평화와 믿음의
나랠 털며
웅비하는 한 마리의 학(鶴)이어라.

젊음의 자화상

뿜어대는 희뿌연 담배 연기를 젓으며
고독한 테이블의 찻집을 나서야 할 시간이다.
황사 날리는 낯선 거리에서
영세민 걸음걸이를 하며 구겨진 모자를 꾹 눌러쓴다.
휘감기는 점퍼 자락을 움켜쥐고
차가운 담벼락 골목을 들어선다.
시베리아 울프의 고통스런 표정으로
불사신이 스쳐 지나간 황막한 길 위를 걷는다.
초콜릿 빈 봉지만 저쪽에서 나를 반긴다.
바리톤 음성의 전자동식 벨소리에
문고리가 해제되며 육중한 대문의 쪽문이 열린다.
나를 삼킨
반 지하 자취방은 쾌쾌하지만
라면 국물 속에 퉁퉁 불은 면 가락을 건진다.
긴자(銀座) 일본 밤거리에 최고의 셰프 맛이다.
반찬은 〈아리랑〉 필터 담배 한 모금이다.
김에 서린 안경 너머로 카셋 테이프를 꼽고
〈쇠고기라면〉 만찬을 위한 음악의 향연을 베푼다.

태워도 태워도 재가 되지 않는
진주처럼 영롱한 사랑을 피우리라고
이 생명 다하도록 이 생명 다하도록 〈열애〉를 부른다.

투혼 −갈매기의 꿈

해빙기에
허공 중을 비행하다 만난 갈매기들.
날개가 있어 날고 있을 뿐
무엇이 앞에 있으며
어디가 목적지인지도 모르며
녹아내리는 눈덩이 위를 마냥
상승 기류를 타고 퍼덕이고 있다.
수직 상공으로 때로는 하강을.

지상 위의 물상들은
오선지에 널려져 있는 하나의 음표와 쉼표.
무의미한 악보를 내려다보며
멋진 파일럿이 곡예를 하듯 사뿐히 비행을 한다.
보드라운 체온을 느끼며
달콤한 채취를 맡으며 해빙기의 상공을 가르고 있다.
통속화 된 갈매기가 아닌
고고한 존재로
전설의 이데아 세계를 찾으려 하는가 보다.

그 무엇인가
영혼의 음성이 귓가에 머문다.
지휘자의 뾰쪽한 막대기에 좌우되는 생명으로부터
맘껏 연주하며
자유로운 생명을 품에 안을 수 있는
낙원의 세계는
먼 곳이 아닌 두 날개에 있다.
갈매기는 한쪽 날개를 맞대어
나란히 평온하게 비행을 한다.
닿을 듯하게
무한한 고공으로 치솟고 있다.
사랑과 자유와 평화와 믿음의 천국은
오! 두 날개에.

힘차게 퍼덕이는 바람결에
해빙기의 황혼이 밀물처럼 젖어든다.
섬광처럼 의욕에 불타던 눈동자가
요염한 빛깔로 채색되고 있을 때

이미 전설의 이데아 세계를 잃은 갈매기로서
널따란 바리케이드에 부딪혀
부서진 날개를 오선지 위에 뿌린다.
돌풍처럼 추하게 변심한 갈매기를 버리고
한 마리의 갈매기는
초연히 두 날개를 흔들어 보인다.

외로움에 앞서 꿈의 실현에 자신을 잊는다.
시간은 공간에 떠있고
존재는 하나의 혼으로
빛만큼 무서운 초속도로 유성 곁에 다가간다.
전설의 이데아 세계
사랑과 자유와 평화와 믿음의 천국으로
영원한 갈매기의 꿈을 향해
해빙기의 허공 중을 난다.
꿈이여
갈매기의 꿈이여
내 고귀한 갈매기의 꿈이여.

친구에게 친구야

검푸른
겨울 파도 위에
지축을 붙들고 일렁이는
외로운 배 하나
그대,
결빙된 입 기운이
서릿발 되어 날고
붉게 타들어간 눈동자에
바람이 차나
서슴없이 다가선 포근한 숨소리에
우정의 씨알이
가슴 깊이 파고드는 음향에 울어대고,
외치고 싶은 그대
나의 사연일랑 마주잡고
휘영청 목을 놓아
어쩌다 차가운 외가닥 기타 줄을
힘껏 울려나 보세.

여승과 시인

갈 하늘빛 머플러 위에
조심스레 나래 접은 산 이슬 내음은
암룡추 계곡만이 기억하는
옛날 이야기였다.

이끼 낀 암벽
기대어 선 지장보살 석탑은
지그시 눈을 감고 옛날을 본다.

풍우(風雨)에도 살아남은 고운 발자국
고향을 먹고
여인의 꿈을 삼키며
칡뿌리에 엉킨 채로 산을 지킨다.

법의(法衣)를 입고 향분(香紛) 치는 청포도 여승
발자욱도 잊고 미소 짓는 두 눈.
아침이슬 반짝이며
고뇌 아닌 체념으로

합장하여 고개 숙인 여승과 시인.

나무관세음보살.
목어(木魚)의 울음소리
산중을 흔들며 심장을 두드린다.

3월의 풍경

산등성이 넘어 실바람 속에
새악시 내려앉듯 봄비 나리네.

버들가지 물오르고 움이 돋으며
잠에 깨난 개구리는 기지개 펴고
시냇가에 물고기도 긴 호흡하네.

생동하는 3월이라 농부도 바빠
바지게에 거름 지고 논으로 가고
서릿발에 부푼 보리 밟아 줄 때
높푸른 창공에는 종달새 우네.

겨우 내내 얼어붙은 빨래터에도
따스한 봄기운에 녹아내리며
아낙네 두들기는 빨래 방망이 소리는
남도의 동백 소식 전해오겠네.

머리엔 옥색 댕기 바구니 끼고
달래 냉이 봄나물 찾아
밭두렁 논두렁 치마폭 휘날리는
들녘에 봄 향기 가득한
내 고향 신도안(新都安)의 3월이라네.

공허로운 마음

아득한 지평선 너머까지
모두 내가 걸을 땅인 줄로만 믿었다.
별똥이 떨어지는 곳까지
날아갈 하늘인 줄 알았다.
비바람 속 외롭게 혼자 서있다.
몸뚱어리의 행동반경은 불과 한 뼘도 채 안 된다.
가지런히 쌓인 담벼락이 바람 불고 천둥 치면
말없이 하나하나씩 뽑혀 나간다.
숭숭 뚫린 구멍 사이로 들녘을 본다.
넓고 높은 땅이며 하늘인 줄 알았지만
자꾸 가슴이 좁혀들고 호흡이 가빠져 온다.
무거운 초침(秒針)이 움직일 때마다
외로움도 한 올 한 올 풀어 헤쳐진다.
하늘아래 홀로선 텅 빈 속으로
비바람은 더욱 세차게 흩날린다.

마(馬)의 운명(運命)

동트는 비탈길
짐 실은 마차(馬車)
저 고개 넘어서 목적지까지
오늘 해 다 가기 전 운반을 해야 한다.

마부(馬夫)여!
저 말[馬]에게는 채찍을 하지 마라.
저 말에게는
기름진 먹이도 주지를 마라.
오직
수레의 뒷바퀴만 쫓아가거라.

그의 말발굽이 닳아 무릎으로 기더라도
밀거나 끌어주지 마라.
그는 알고 있다.
목적지에는
어둠이 되면 떠나야 할 열차를.

그 열차에 이 짐을 꼭 실려 보내야만 한다.
열차는 다시 오질 않는다.
저 비탈길을 향해
황야를 횡단하듯 달려야 한다.

상처에 피를 흘려도
병이 들어도
그는 달려야 하건만
혹 힘겨워 쓰러져 죽는다면
그의 묘지 앞에
〈여기 무력한 스물한 살짜리 말[馬]이 누워 있다〉
적어 주어라.

만약
힘겨웠던 비탈길의 오름도 허사되어
열차에 실리지도 못한다면
저 말[馬]의 목을 베어라.
수레의 짐과 동강이 난 그의 조각을 같이 묻어 주고서

〈여기 무력한 스물한 살짜리 말[馬]이 누워 있다〉
적어 두어라.

다행히
열차에 짐을 실렸다 해도
그에게
알프스의 영웅을 만들지 마라.
이제는 그에게
기름진 먹이를 주며 채찍을 해라.
이것이
스물한 살짜리 마(馬)의 운명(運命)인 것이다.

입영(入營)의 플랫폼

날 버리고 떠나는 모진 녀석일진대
넌 오늘따라 자랑스레 보이는구나.
짧은 너와의 동행(同行)이었지만
동고동락(同苦同樂)의 우정이
입영의 터미널을 아쉽게 한다.
두 손에 입맞춤하며 널 향해 흔든다.

스무 한 해 동안 연애질하며 턱수염 키우던 네 놈이
불알 영글고 이두박근을 자랑하더니
갈 곳이 있어 다녀오겠다고 무덤덤 떠나는데
엄마는 손수건에 눈물을 훔친다.

녀석아,
여름은 더워서 겨울은 추워서 죽는단다.
국방색 담요 뒤집어 쓴 채
차갑고 묵직한 총신만을 꼭 끌어안고 자야 한단다.

.

허나 웃어보아라
건강하기 때문에 갈 수 있는 그곳으로
입영 터미널의 힘찬 군악대 나팔소리를 따라
손 흔들며 열차를 탄다.
사나이로 태어나서 할 일도 많지만 빠밤.
젊음을 가득 실은 입영열차는 플랫폼을 떠난다.
빠밤 빠밤 빰.

검푸른

겨울 파도 위에

지축을 붙들고 일렁이는

외로운 배 하나

그대

―「친구에게 친구야」 中

기쁨으로

홍안(紅顔)의 소년이었을 때
나물 캐던 분이가 화냥년이 되었다고 울더니
추운 겨울밤 넌 산하(山河)로 뛰쳐나갔다.

쓰라린 추억 속에서
새하얀 눈 위에 화냥년의 모습을 그렸다.
눈으로 그려진 분이는 나물 캐던 분이가 아니었다.
그해 겨우 내내 그려댄 화냥년을 산야에 뿌리고 말았다.

화냥년을 더 이상 그리지 않았다.
날렵하고 다져진 청년이었을 때
그때부턴 누이를 그리기 시작했다.
아름다운 누이를 그리고 싶었지만
누이는 꼽보에 언청이었다.
그림은 누이가 아닌 꼽보 언청이가 되었다.
그해 여름 내내 그려댄 누이는 수줍은 듯 웃고 있었다.

오늘은 너도 웃고 있었다.
누이의 얼굴이 건군 34주년 문예창작 당선작이 되었다.
나는 더 크게 파안대소(破顔大笑)하였다.

사나이의 길

식어가는 고지 위의 미풍(微風)
나뭇잎에 부딪는 보드란 속삭임에
천리 먼 길 사람들
한없이 가까이 부름 받건만
6월 23일 감자/곰탕의 암홀 붙든 장정(壯丁) 불침번.
동료들의 코 곯는 소리 소리마다
58년생 하루하루를 되돌아보고픈 것은
까만 이 밤 웬일인건지.
몽유병의 완치인건가
실눈을 펴고 세상을 본다.
막사 언덕 넘어 교회당에서
목쉬어 거친 새벽 종소리가 들린다.
내 이름은 수용연대의 장정이다.
훈련병 호명만 기다리고 있는 예비 이등병이다.

설국의 능선에서

어둠 속에서

한 줄기의 별똥별
초병 어깨 넘어 떨어질 때
설국의 능선
별빛도 차다.

아!
지난 이맘때의
내 고향에 내 삶이여.
어둠을 지키는 초병은
어느 여인의 기도를 기억해 낸다.

독백(獨白) '81

사랑도 평화도 거짓이어라.
지혜도 진리도 거짓이어라.
삶은
어영차 어기영차
끊어질 듯, 뒤통수 깨질 듯
당기고 밀리고, 끌리고 당기는
줄다리기 시간이어라.

빙빙빙
하나 넘고 둘 넘어
빙빙빙 돌려라.
잡힐 듯 하나 잡고, 놓치듯 둘 잡는
줄넘기 세월이어라.

불 밝혀라, 그림자 밟아라.
수월래 수우월래 가앙강
손잡아 춤추며 노래 부르는
강강수월래의 억겁이어라.

배고픈 길손
낙엽이고 뜬 구름이어라.

5분 명상

지나간 시간, 다가올 시간도
이 순간의 영역에서 멀어진 지 아득한 오래이다.
오직 순간이란 단어만이 존재하는
작은 물상이 되어 버렸다.
폐활량에 비해 산소가 부족하다.
비좁은 공간 속에 작은 물상은 흡족한 호흡을 갈구하지만
점점 희박해지는 산소의 량은
앞으로의 질식을 초래할 것이다.
발작의 손짓은 허공 중에 매달린다.
최후의 발버둥침은
채 마르지도 않은 잔디를 짓누르는 서리처럼
동공이 축소되어 사지를 뒤튼다.
이제 남은 것이라곤
붙어 있는 심장의 가느다란 고동소리뿐이다.
좁혀드는 암흑의 세계는 심장마저 마비시키려 한다.
이토록 175㎝의 구석구석을 모두 약탈당하고
잿더미로 사라질지언정
내 하나의 뿌리만큼은

체온이 식어가는
운명의 일각(一刻)까지 부둥켜 사수하며
현재 속에 존재하는, 살아가는 참 인간이 되리라.
빰빠라 밤 빰빠라 밤, 취침이다.

아쉼

팽나무 골 고목에 파란 도깨비 불
번뜩이는 섬광이 칠월의 굵은 빗줄기를 부서뜨린다.
적갈색 지시랑 물결에
흩어지는 돼지똥 냄샐 맡고 싶다.
성녀(聖女)의 향기보다도 더.

늙어 간 산야(山野) 위에
천년을 지켜오던 그대의 자취는
무뎌진 시간
잊혀지는 자연(自然)
황야(荒野)의 탄탄한 울타리 속에서
짙푸른 젊음의 조각과 함께 산화(散華)된다.
논산 훈련소에서.

비탈에 서서

그루터기 고목 아래
일등병 군복을 입고 바람을 맞는다.
백엽상 수은주는 영하의 10여 도
철조망 멀리로는 시외버스 지난다.
안경을 고쳐 쓰고
옹이 옆에 잘려진 나이테를 센다.
열하나 열둘
그리고 스물셋 스물넷
표피는 스물다섯 개를 감싸안고 있다.
발길로 툭 걷어차 본다.
뿌석
언덕 밑으로 나동그라진다.
내가 뒹군다.
젊음이 뒹군다.
굵은 안경테가 뒹군다.

시한부(時限附) 이방인(異邦人)

시한부 이방인이어야 했다.
철저한 존재가 아니어도 좋다.
지하도에서 쏟아져 나오는 인파에 끼어
삶에 존재만을 확인하면 족했다.
삶의 간이역(簡易驛)에 서 있으면 했다.
그곳에서 한 대의 열차만 더 기다리면 했다.
대합실의 손님들은 모두가 지루해 했다.
아직도 세 열차를
두 열차를 기다려야만 하는 이방인들도 있다.
활보하는 인간들의 옷차림이나 구경하면 족했다.
고삐 뚫린 황소처럼 채찍에 움직이기만 하면 족했다.
기다리던 열차를 타고 종착역에 도착했을 때
시한부 이방인들은 걸머진 등짐을 불사르면 됐다.
대합실을 빠져나와 광장의 시계를 보며
담배 연길 길게 내뿜으면 했다.

베란다에 올라서서

여기는 부대 막사
베란다에 올라서서 멀리 불빛을 본다.
진한 생(生)의 내음이 타오른다.
빽빽이 세워둔 저 불빛들
내가 세울 곳도 남겨두지 않은 채
밤새도록 생(生)을 태운다.
그들은 태우고
난 잠재우며 있다.
그러나 깨어난 그날 이후
빽빽한 그곳을 비비고서라도
그들과 함께 찬란한 빛으로 생(生)을 태우련다.
나의 생(生)
사랑하는 나의 생(生).

이태백(李太白)의 후손들

술, 난 너를 사랑하리라.
너 또한 날 사랑하잖아.

삶을 낳고
시(詩)를 낳고
죽음을 낳는 너이기에
난 널 무척이나 사랑하고 있지.

거대한 마법의 소유자 술.
통금으로 맞이해야 했던 별리(別離)를
밤새 아쉬워하며
첫닭이 울기 전에
널 찾아 다시 인사한다.

억만년을 이어온 황홀경의 비법(秘法)을
언제 다시 배울까마는
오늘도 널 대하며 술잔을 든다.
브라보, 건배.

목련이 꽃피우는 그날
봄빛의 대화를 기억하면서

―「빛을 향한 그림자」 中

잔잔한 하루의 소망

세상 모든 것
나에겐 소용이 없다네.

가슴 깊이 스며드는 노란 향기에
팬지꽃 한 송이가 내 곁을 지킨다면
낡은 창틀에 기대어
줄 끊긴 기타를 치는
어느 난장이의 딸만큼
평온한 숨소리를 내쉴 수 있겠네.

높이 솟은 애드벌룬도 부럽지 않고
한 줄의 글도 남기고 싶지 않다네.
조그만 한 포기 풀잎에 맺힌
초라한 정원 속에서
동그란 영롱한 이슬방울 가꾸며
팬지꽃 한 송이를 위해 기도하겠네.

어둠을 사냥하는 파수꾼

찾아 찾아 시오 리
떼 지어 가는 어둠을 쫓아
돌부리를 피해 산비탈을 오른다.
목구멍까지 치솟는 가쁜 숨을 몰아쉬며
동서남북을 헤아린다.
가도 가도 잿빛 어둠은 없고
연지 찍은 새아씨
멀찌감치 동녘에 서있다.

'80을 향한 기원(祈願)

우뢰(雨雷) 밑에서
빛나던 눈으로 철책을 지키던
대한(大韓)의 남아(男兒)에게 꽃가루를 뿌리오.

외줄타기 써커스를 끝내고
공중비행의 순서에
수천의 관중은 숨을 죽이고 있소.
하늘에 도전하는 인간 승리를 기다리고 있소.
유감없는 박수의 갈채는
꽉 틀어쥔 팔뚝의 힘줄과
한 맺힌 당신의 설움을 맞바꾸고 있소.

캠퍼스의 잔디를 밟고
연단(演壇) 위에서의 피 토할 듯한 웅변을 듣고 싶소.
학생회장 선거의 승리자를 바라보고 싶소.
그대의 그날을 위해
두 손 합장(合掌)하여 기도하겠소.

인생무상(人生無常)·1

퇴색된 광목 무지갯빛 두건
장길 따라 오십 리에
남사당 패거리의 찢겨진 깃발.
물을 건너 산이더냐
해가 져서 달이더냐.
어기야 어기디야
겹도록 설운 살이
지친 북소리는 서문 고개를 넘는고야.

인생무상(人生無常)·2

나루터 미루나무는
고목의 그림자.
빨갛게 바랜 낙조 속으로
깊이 깊숙이 투영되는데.

오월의 강물
술 취한 유람선의 뱃고동.
물귀신처럼
이빨 빠져 패인 주름.
힘줄 튕기는 전신(全身)으로
두들기는 장고 노랫가락은
부식된 세월의 탄식이 되다.

인생무상(人生無常)·3

외가의 산속 멀리
자정을 넘어 선
소쩍새 목멘 울음.
그리워 지새우는
지족리의 산사(山寺) 밑에
메아리로 흐르는 골짝은
손주를 부르시는 외할머니의
애잔한 밤이외다.

빛을 향한 그림자

널따란 대지(大地)를 향해
4월의 목련을 적시는 수줍은 밤비.
지리한 한풍(寒風)에 몸서리치며
남향(南香)을 기다리던 초동(樵童)의 눈물.
먼 옛날 나무꾼이 가져다 준 산길을 따라
굵은 빗속을 질주한다.

산사(山寺)를 지나며
가시에 흠집이 난 손등을 부여잡고
동리(洞里) 어귀에 선 오누이.
꽃잎을 매만지던 매끄러운 손길로
쾌 묵은 옷가지를 봄비에 부빈다.
혈류의 고동(鼓動)
냉정(冷情)의 응어리
오누이의 내일이 두렵다.

먼 길을 위해
지도(地圖)를 마련하고 거울을 닦는다.
목련이 꽃피우는 그날
봄빛의 대화(對話)를 기억하면서
빛을 향한 그림자를 밟는다.

세월에게 물어봅시다

고향을 찾아왔다.
죽마고우(竹馬故友)는 군대를 갔고
눈물로 세월을 베고 사시는 홀어미를 찾았다.
희미하게 남아있을 뿐
또렷한 것은 그때 그 자리의 집터만이다.
쫄랑쫄랑 뒤를 따르던 누렁이는 없고
샘터는 수돗가로 바뀐 채
엄마는 굽은 허리 맨발을 끌며 느릿느릿 나오신다.
팽팽했던 두 손은 간 곳이 없고
깊은 주름 한가득하여 떨리는 술잔을 받는다.
글썽이는 눈물을 숨기며
벽에 걸린 퇴색된 사진을 힘없이 바라보신다.
고추밭을 일구던
고구마를 캐던 아들과 아들을 기억하신다.
초등학교 때의 일들이 엊그제 같은데
외동아들은 총 메고 훈련받는 장정이 되었다.
돌아올 날 손꼽아 기다리는 홀어미
장독대 정한수 앞에서 또다시 아들을 부른다.

점점 쇠약한 숨소리만 들릴 뿐 이름 석자는 희미하다.
세월에게 물어봅시다.
군에 간 내 친구는 언제 돌아오나요.
그때까지는 아들 이름 기억하시겠죠.
세월은 이런 건가요
돌고 도는 것이 아니고 흘러가는 것이라고요.

귀향(歸鄕)

할배 성묫길에 돌배 얌전한 꽃잎.
팔월,
열매 영글면 찾아가려던
열네 살의 아주까리 내음.

타오르는 심지 삼백예순다섯 날
잃어버린 스물두 해

신작로 터덜터덜 자갈길
삼베 양말 신고
돌배나무 지나는 무거운 침묵.

기원(祈願)

나의 조상 묻힌 조국(祖國)
수많은 시련들을 극복한 민족
동해의 햇살이 눈부시도록 찬란할 때
지혜와 슬기 속에
대한(大韓)은 영원하리 새아침 함께하며.

수호의 신이시여!
삶에 발버둥치는 이 민족을
평화와 자유를 갈구하는 이 민족을
외면하지 마옵시고
삶에는 희망을
평화와 자유에는 실현을 주옵소서.

동해의 눈부신 햇살과 함께
이 겨레 이 민족은
어제를 반성하며
오늘에 최선을 다하는
영광된 대한의 아들이 되어 오리다.

조상들의 피와 땀 그리고 얼이 깃든 곳
사랑스런 내 조국 내 강토
한줌의 흙 볼에 부비며 내일을 생각할 때
대한은 영원하리 새아침 함께하며.

수호의 신이시여!
인류는 멸망한다 할지라도
선과 사랑 속에서
대망의 꿈을 안고 뛰는
이 젊은이를 버리지 마옵시고
한 걸음 한 걸음
듬직한 걸음으로 목표 향해 정진할 때
당신은
등불 받히어 들고
어두운 이 밤길을 밝히어 주옵소서.

폭풍우 치는 저 바다에서도
눈보라 휘모는 저 산속에서도
망설이지 않고
중단하지 않고
영광된 대한의 아들 되어 오리다.

향락 그리고 사랑

250여년의 지난 세월에
나의 가슴을 흔들고
머리 찧게 한 사람이 있었던가?
모순을 일깨워주고
진실과 행복을 지적 해 준이 누구였던가?
책을 베게삼아 눈을 감는다.
꿈속에서도 〈장 자크 루소〉는
향락 그리고 사랑에 대해서도 얘기해준다.

향락이란
소유와 동시에 파괴되는 것이다.
무엇보다도 사랑이 그러하다.
하지만 사랑이 오래 지속 될 때는
어떤 온화한 습관이
그 공허를 메꾼다.
그러나 사랑은
원하는 것만큼 주어지는 것이지만
공정한 정서인 것이다 (에밀 *Emile*)

제2부
내 육신에 향을 사르고

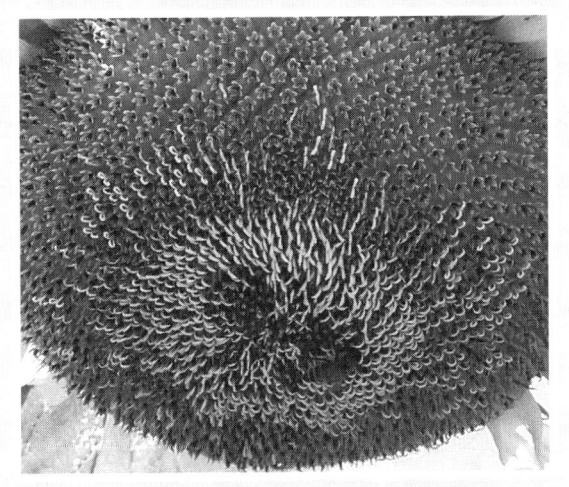

그래 그래 난 바라암의 동자승
아니 아니 난 바라암의 파계승

―「내 육신에 향을 사르고」 中

변신암(變身岩)

식어가는 아이의 열꽃을
한(恨) 묻은 손으로 매만지던 산(山).

섣달 열나흘 날
언 서릿발 땅을 파고
곱게 싼 담요 속에 꽃을
아버지는 흙속에 잠재웠다.

주워 모은 몇 개의 작은 돌로
아가의 집을 짓고
퉁퉁 불은 젖송이를
돌무덤에 문지르던 설운 어머니였다.

뇌성벽력(雷聲霹靂)
산짐승들의 포효(咆哮)
두 귀 꼭 막고 기도하던 아낙네.
밤새 오가며 애끓는 울음소리는
궁궐 지을 커다란 바위덩어리로 변해버렸다.

촛농 그을음 묻은 얼굴 긴 목 드리우며
재 넘어 그 누굴 찾는 〈머리봉〉 바위
바람 불고 손이 시린 추운 날
응애 소리 들리는 아가의 변신암(變身岩)이다.

고(告)함

텅 빈 들녘을 적시우는 비
여인은 우산이 없다.

긴 머릿결 따라 빗방울은 흐르며
파릇한 두 뺨을 부비어 주고
벼락과 천둥이 곁을 스친다.

님 찾아 떠나는 고행(苦行)
꿈속에서 나풀거리는 머플러를
바람에 항거케 하고
이젠 산길을 접는다.

초목에 묻어나는 억센 손길
여인의 가녀린 목을 조인다.
님 부르는 갈망의 몸부림에 내 육신을 난도질한다.

사랑아,
나에게 저주받을 사랑아

애련한 빗속의 여인에게 우산을 씌워 보내라.
나에게 암살당한 사랑아
어제와 오늘이 아닌 내일을 쥐어 주어라.

비바람 속에서 이제 널 감시하련다.
님이 잠들 때까지.

한 줄기 빛

시간이 쌓여서 세월이 된다.
세월이 식어서 죽음이 된다.
죽음이 묻히어 어둠이 된다.
어린 시절 술래잡기 하던 그 어둠이 아닌
칙칙한 여름밤 골목길의 어둠인 것이다.
어머니는 날 낳으셨고 나의 아내는 아들을 낳을 것이다.
어머니의 임종을 아내는 맞이한다.
아들은 아내의 임종을 맞이할 것이다.
섭리 내지는 순리가 아니어도 좋다.
어둠으로부터 시작하여 어둠으로 끝나는 우리의 시간을
그저 그렇게 메꾸며 살고 싶다.
비록 나의 노래가 아닌 풀벌레 노래 소리일지언정
난 이대로 가지런한 맥박을 간직하고 싶다.

공허(空虛)한 이별(離別)

당신의 이름을 불러봅니다.
용트림하던 물결도
희미해지는 당신의 석자 이름과 함께
검은 연기 속으로 사라집니다.

이 모든 것을 신께서 주옵시고
신께서 말씀하심을 그저 따를 뿐입니다.

검은 연기 신(神) 곁에 머물 때
당신의 이름 석자는 찾을 수 없고
마지막 남김이란
먼지보다 더 가벼운 검은 재 무덤뿐입니다.

내 육신에 향을 사르고

무얼 먹고 사니
무얼 쓰며 사니
무얼 생각하며 사니.
가을을 먹고 시를 쓰며
어느 창녀의 한 맺힌 묘비를 생각한다.

네 나이 몇이냐
뭣 하는 놈이냐
뭣할 계획인가
글쎄 글쎄 글쎄.
바보 얼간이 멍청이 멀대.

공장에 기계 소리도
음악실 클래식 소리도
야시장 경매장의 흥정 소리도 못 듣는
눈먼 봉사 귀머거리 벙어리.

그래 그래 난 바라암의 동자승
아니 아니 난 바라암의 파계승
풍경(風磬)을 뒤흔드는 바람
물소리 새소리에 숨죽이는 목어(木魚)
속세(俗世)의 옷을 벗고 법고(法鼓) 앞에서
내 육신에 향을 사르고
내 영혼에 모닥불을 지핀다.
옴마니반매훔 옴마니반매훔.

그 여가수의 노래는

구멍 막히다.
흘러 들어가면 썩은 물 되어 되돌아 솟는다.
이십여 년 간 치유되지 않은 하수구다.
내 가슴이다.
철사를 디밀어 쑤셔대는 작업이다.
불치병을 치료하기 위해 부르는 작업이다.
마디마디 절규하는 비명은
응어리진 까만 피를 쏟게 한다.
혼에 씌어 부르는 노래
온몸으로 영혼을 부르는 노래다.

그 여가수의 노래는
토해내는 내 한을 마시며 노랠 부른다.
솟구치는 피를 뿌리며 내 가슴을 핥는다.
고통에 몸부림치며 신음할 때
막히고 썩고 있는 내 가슴을 갈기갈기 찢는다.
내 영원한 고향의 노래, 생명의 노래는
이불을 뒤집어쓴 채 눈물로 그를 맞는다.

스테레오 헤드폰을 낀다.
혼으로 부르는 노래
영혼을 찾는 그 노래
그 여가수의 노래는 참회의 기도였다.

무(無)조차도 상실해버린 채

살아야 한다는 희박한 의지 속에서
무의미하게
겨울이 가면 가는가 보다
봄이 오면 오는가 보다 하고
시간만을 쫓는 사냥꾼이었다.
미친 듯 날뛰던 나날도
이제는 숨죽이며 무감각해진 딱정벌레였다.

꽃을 찾는 벌 나비도 부럽지 않았다.
풍뎅이처럼 날고 싶지도 않았다.
죽지도
그렇다고 산 것도 아닌
동면하고 있는 땅속 개구리처럼 살고 싶었다.

시골 새악시 혼수 마련하고
어머님 살림방에 도배하고 계실 때
부스스 눈을 뜨고
힘껏 뒷발질이나 하고 싶었다.

창공에 묶인 채
태양 옆에 녹아내리는 시간 속에서 살고 싶었다.
무(無)조차도 상실해버린 채 살고 싶었다.

곡(哭)

뉘 아니 섧다 하리오.
어둠 위에 주저앉은 12월의 비를.
나신(裸身)으로
쉰 목소리로 통곡하는 겨울비를.

입영열차에 부딪던 차창의 빗물
경련 이는 가슴
사선(死線)의 빗줄기 속으로 싸늘히 묻힌다.

이름 없이 뒹굴던 녹슨 철모는
12월의 비를 적시며
어머님 묘비 옆에 나란히 선다.
빗물은 눈물을 닦으며 하염없이 흐른다.

4월의 발견

봄이 죽어가고 있다.
봄이 죽어가고 있다.

강풍에 매 맞다가
처녀 아이 음부 애액처럼
물오르지도 못한 채
봄은 눈 속에서 질식하고 있다.

죽어가는 봄날을 태우고 있다.
화장터의 까만 연기처럼
보일러 굴뚝을 하고 있다.

소생하지 못할 봄인가 보다.
정녕 돌아오지 않을 봄인가 보다.
계곡의 얼음은 두터워 가고
먹일 찾는 산새들만 우짖어 댄다.

석가모니불

석가모니불 석가…

기는 벌레 섯는 바위를 보며

참회의 눈물을 흘린다.

—「참회」中

심곡(心曲)·1

하얀 이슬방울 머리에 이고
골짜기 산모롱에 내려앉으니
슬피 울던 찔레는
갈건(葛巾)을 두른 초동(樵童)의 노랫소리에 귀 기울인다.

서녘을 기어가는 땅거미 해거름에
약수암(藥水庵) 동자승은 목탁을 친다.
달빛을 기다리던 다람쥐가
기와 추녀 풍경 소리에 소스라쳐 달아난다.

암룡추를 오가며 노닐던 멍석바위
숫용추를 오르던 짐꾼은
지게를 바치고 이마에 맺힌 땀을 닦는다.

어둠 속에
계룡산 지맥(地脈)으로 흐르는 잔잔한 심곡(心曲)은
갈잎을 궁굴리며
산비둘기 깃털을 나부끼게 한다.

심곡(心曲)·2

곡(曲)이 아닌 곡(哭)
미친 년놈들 지랄하고 자빠졌네.
목청이 파열되도록 곡(哭)소리는 땅을 친다.

에고 설워라
삶이 설워라.
브라운관이 들썩인다.
아버지의 흙무덤이 꿈틀거린다.
에고 설워라
죽음이 설워라.
젖가슴을 헤치는 어린 녀석의
긴긴 동짓달 밤이 설워라.
찢긴 목청은 곡(哭)이 되어 뒹군다.

미친 년놈들 지랄하고 자빠졌네.
오늘밤 곡(曲)이 아닌 곡(哭)이
스물네 살의 가슴속엔 피멍 되어 흐른다.

변명하려는 이유

별리(別離)를 준비하기 위해 술을 마신다.
시덥잖은 삶이나마
만남의 통증을 헤어짐의 역겨움을 잊고자
이성을 잠재우려 한다.

깨진 술잔은 테이블에 뒹굴며
길바닥에 던져진 여인은
뭇 남성의 발, 소매 옷자락을 부여잡는다.

우라질 세상
나도 싫고 너도 싫은 마당에
만남은 무엇이고 헤어짐은 무엇이냐고
자 간다
어 가라 하면 끝나잖아
굳이 어렵게 살려고 하기는.

별리(別離)를 준비한다는 명목으로 펼쳐진 술잔
이왕지사 절차라는 이유로 마시던 술
통금(通禁) 없는 자유에서
가격(價格) 없는 술병으로
이성(理性)이 잠들 때까지 꾸겨 넣는다.

정(情)

썰렁한 아랫목에 누워
큰아들놈을 기다리시는 홀어머님.
철부지 적 그대로 세상 물정 몰라 사는 녀석을
문풍지 황소바람 막으며 뜬눈으로 지키신다.
남편 여의고 누굴 믿고 살아 오셨나
잘났든 못났든 믿고 살 놈은 큰녀석이라
살붙이 피붙이 여럿 있은들
큰 정이 가는 곳은 군대 간 아들뿐이다.
휴가증 얻어들고
술 한 잔 걸친 후에
비틀거리는 시골길 따라
마음은 모정(母情)으로
자식(子息)은 정(情)으로 흐른다.

참회(懺悔)

    석가모니불
    석가모니불 석가…
    기는 벌레 섯는 바위를 보며
    참회의 눈물을 흘린다.
    하엿고[何如告],
    주는 시간을 거부했다.
    비추는 빛을 가로 막았다.
    심(心)은 이성(理性)을 뽑아 버렸다.

    석가모니불
    석가모니불 석가…
    스물다섯 바퀴의 원을 그리며
    하염없는 참회의 눈물을 흘린다.

곡(哭)이 가시지 않아

서둘러진 죽음
이제 계절마저 서두르고 있다.
겨울을 서두르는 양력 10월 23일에 첫눈이 내린다.
인간사 서둘러 이로울 일이 없으련만
지금 어디선가 누군가는 술에 취해 있나 보다.
아니 미쳐 있는지도 모른다.
그렇지 않고서야 이런 착오를 범할 수가 있는 건가.
분명 이성이 두 동강 났다.
머지않아 타버릴 것이다.
그날에 우주는 멸망의 공동운명체
나무관세음
나무관세음보살.

현장(現場)

벼랑 아래 굽어보며 주검을 찾는다.
나는 죽었다.
너도 죽었다.
우리 모두가 죽었다.
날짐승 길짐승 전원 집합
그들도 죽는다.
벼랑이 허물어져
벼랑이 허물어져.

비정(悲情)

풍전등화(風前燈火) 밑에서
초라한 외모(外貌)를
비굴한 웃음을
사탄의 혀를
창부(娼婦)의 몸뚱아리를 원하시나요.
이미 던져진 돌이 되어
한줌의 흙으로 변하십시오.

삶을 배반하고
젊음을 우롱하고
죽음을 난도질하며
뻔뻔한 세사(世事) 처리하는 잡스러운 역겨움은
염라대왕도 손사래칠 거요.

옥토(沃土)가 아닌 부토(腐土)라도 좋으려니
지금 당장 떠나십시오.
흩날리는 담배 연기를 밟으며 떠나십시오.
이것도 못 다한 정(情)이라지요.

쑥부쟁이

열나흘 달빛
가을의 언저리에
숨죽인 들국화 쑥부쟁이.

보랏빛 소녀의 주검으로
밤이슬에 고갤 떨구며
소복한 여인마냥 초췌한 자태로
이 밤 다가도록 몸을 적신다.

크리스마스의 미아(迷兒)

밤
공기
차가움
쓰라림
썩어가는 손마디는 더욱 에리다.

연못 위에 비친 달빛에
먹다 남은 빵 쪼가리가 떠 있을 때
파카주머니의 열쇠 쥔 손을 끌어당긴 채
황량(荒凉)하고 무서운 크리스마스의 밤을 밟는다.

길모퉁이에서
참새 굽는 포장마차 냄새는 소주 한잔을 유혹한다.
알콜 기운으로 덩실 춤이라도 추고 싶건만
일원짜리 동전 한 닢 잡히질 않는다.
돈은 며칠 전에 떨어졌다.
빵 쪼가리 열쇠 꾸러미를 꼬옥 쥔 채
냉랭(冷冷)한 자취방으로 걸음을 재촉한다.

귀가 시렵고
발꿈치가 갈라진다.
썩어가는 손마디는 더욱 에리다.

혼란(混亂)

땅 구덩이 속에 묻힌 세월
늦은 것인지 이른 것인지
3월의 중순인데 산야는 눈으로 덮인다.

우주가 뒤틀리고 심사(心思)도 뒤틀린 세상
늦으면 뭘 하고 이르면 어떻단 말인가
그런대로
주는 밥 잘 처먹고
똥이나 잘 싸대면 족하리라.

벌거벗은 토담집에

무자식 상팔자의 서글픈 주검

―「한밤의 애가」中

나그네의 여로(旅路)

한 폭의 화선지는
나그네의 여로(旅路) 위에
정교한 멋으로 조색(調色)되리라.

맑은 색감의 붓이
모퉁이 모퉁이를 헤집고 나면
청계천 시꺼먼 하수구처럼 채색(彩色)이 된다.

용궁을 탈출한 길 잃은 어린왕자
자정을 넘긴 신데렐라 아씬 유리구둘 찾는다.
볼 수도 없고 찾을 수도 없는
화선지 속의 나그네 발자욱은 점점 까만색이 된다.

아무리 발버둥치고 어둠을 헤쳐보아도
정교했던 조색 물감은
갈 길을 잃고 힘겨워 붓을 내린다.

이별 후의 환상(幻想)

누굴 기다리는 것도 없이
찻잔을 든 당신의 눈을 바라보오.
여린 눈빛으로 아담과 이브를 저주하는 듯
뭇 인간들의 찻잔 속에 당신의 눈물을 담는군요.
엉겨 붙은 눈물 속에
당신께 다가오는 님의 모습이 멀리서 손짓을 하오.
반겨주오 사랑해주오.

한 날, 두 날
작별의 기억이 멀어질수록
환상 속에 님의 모습은 더욱 선명해지는데
이젠 찻잔을 내려놓아야 되오.
뒤돌아보지 말고 돌아가 주오.
서러움에 장송가(葬送歌) 부르며
괴로움에 님 부르게 해주소서.
목 놓아 애태우다 이 밤도 가면
먼 먼 님 곁으로 떠나가겠소.

시계(時計) 속의 자아(自我)

누구의 가슴을 치는 소리이뇨
그만 멈춰주오.
태고적부터 지금에 이르러
숱한 살육의 도가니에 몰아넣은 너이었소.

누구의 영역을 침범함이뇨
그만 돌아가 주오.
태고적부터 지금에 이르러
미천한 너에게 침범당하지 않은 이
어느 누구도 없었던 것이오.

조그만 톱니바퀴의 집합체
호흡 없는 생명체를 창조한 네이거늘
천체 위에 온갖 생물은
너를 두려워했고
지금도 너를 가장 두려워한다.

공포의 사신(死神)
죽음의 매개체 무당(巫堂)
그대 소리는 악마의 음성이며
그대 걸음걸이는 퇴마사의 발자국인 거요.
생각까지 두려우오
멈추어주오
돌아가 주오.
벽에 걸린 시계추는 나의 자화상이요.

시류(時流) 속에서

내 눈을 감으리.
구역질 오르는 너이기에
차마 감기지 않는 눈을 감으리.

네 골목에서
담벼락 붙들고 구토를 하고
네 광기 그윽한 속에서
문둥이 손가락보다 더한
고운 손 구부릴 때
난 숯불 피워
무명적삼 다리고 있었다.

이제 네 어린 것을
숯불다리미 먼지 속에 묻어두고
사랑방에 가둬둔 시어머니
아랑곳도 없이
황홀한 흰 구름에 몸을 싣고
짜릿한 보리 내음에 취하게 됨을

이제 내 알아야 하니
오, 네 어린것들아!
이 시어미
금강에 몸을 담궈 흐를까나
현해탄에 건너오는 바람을 탈까나?

이제
내 눈을 감으리.
구역질 오르는 너이기에
차마 감기지 않는 눈을 감으리.

개[犬]보다 못한 사람들

저어기
한 젊은 놈이 죽어 있네.

하얀 그의 얼굴에
스치는 행인들 침을 뱉네.

지나던 늙은이
젊은 놈이 쯧쯧 혀를 차고
창가로 내려 보던 매춘부
겨울에 썩지도 않겠다 지껄이네.

어느 누구도
묻어주지 못하고
추울세라 코트 깃만 높일 뿐인데
하늘에 보드란 눈송이
젊은 놈을 덮어주네.

옆에 섰던 누런 개[犬]만
커다란 한숨짓네.

한밤의 애가(哀歌)

푹푹 썩는 곰팡이 냄새
토담집 골방에서
죽어가는 노파의 신음소리.

방문을 노크하는 누런 문풍지
문설주에 쭈그린 서글픈 개[犬]
설움에 복받친 전봇대의 울음.

벌거벗은 토담집에
무자식 상팔자의 서글픈 주검.

겨울의 아픔

아카시아 허—연 뿌리
동짓달 긴 바람에 숨을 죽인다.
돌담에 기대어 선
목 짤린 해바라기.
얼어붙은 대지에서
시베리아 카츄샤의 눈물을 본다.

숨통이 막히고
눈물이 언다.
저-기
성모 앞에 다가앉아
속삭이는 수녀가 있다.

조용히 눈을 감고 바라보아라.
겨울은 죽어가며
호롱불 심지는 탄다.

비가(悲歌)

사랑이 없었어도
여인은 날 미워하지 않았고
미움을 받았어도
여인은 날 사랑했었다.

처량한 눈망울이 싫어서
거친 숨소리가 싫어서
사랑은 등을 돌려야 했다.

슬픈 두 눈으로 버스에 올랐다.
떠나는 차창 너머로
고개 떨군 모습이 애처로워
난 뒤돌아서야만 했다.

멀리 사라지는 뒷바퀴는
너무도 많은 잔영을 남기며
아스라이 자취를 감추었다.

떠나는 사람의 배웅만은 하지 않겠다던
옛날의 깨우침은 잿더미 속에 묻히고
저토록 서러운 두 눈망울을 보았던 것이다.
차마 보아서는 아니 될 모습을.

길거리는 온통
여인의 눈물로 얼룩져 있고
둘이 걷던 길모퉁이는 깊은 발자국만 남아
기억의 쓰라림이
멍든 가슴속에서 소용돌이 치고 있다.

무어라 형언하기조차 힘들도록
머릴 방망이질하고 있다.
불빛에 비친 귓가에는
두 줄기 눈물이 흘러
이젠 거의 말라가고 있었다.
아마 사랑이 아닌 미움으로
두 사람은 같이

소리 없는 눈물을 다시 흘렸다.

화장대 앞에 앉아 체취를 맡는다.
향그러운 여인의 냄새가 미치도록 한다.
정갈히 개어놓은 이불을 덮고
바느질해 둔 베개를 베고 눕는다.
차가운 기운만이 날 기다리고 있다.
간밤에 베갯잇을 적시던 두 줄기 눈물이
마르지도 않은 채 축축할 뿐이다.

싣고 떠난 버스는
어둠 속에 여인을 버려두고
이제 어느 낯선 방안에 누워
격한 울음으로 어깨를 들썩일 것이다.
울리지 말았어야 했는데
경련 이는 두 뺨에 입맞춤 했어야 됐는데.

사랑하는 사람을

목멘 소리로 불러보던 그 목소리가
이불 속에서 기어 나오는 듯하다.
미워할지라도 곁에서
얼굴만이라도 볼 수 있게 해달라던 그 목소리가
오늘밤 이토록 가슴 아프게 들려올 줄이야.

내일의 갈 곳을 걱정하고
어제의 일들을 되씹고 있을 여인을 생각만 해도
꽉 메는 목구멍에 한 마디의 말도 해줄 수 없다.

액체 물과 기름
물은 기름이 될 수가 없듯이
기름 또한 물은 될 수 없었던 것이다.
이러한 자연의 법칙을
인류의 법칙으로 끌어당기려 했던 것이
결국 깊은 상처만을 남기고 말았다.
서로에게는 불면의 밤을 가져오게 되었다.
더욱 못 잊어 생각나게 하는 밤

모든 것을 잊겠다고 다짐하며 떠나보냈던 것은
광적인 어리석음이 되어버렸다.

여인은
평범한 채로 소박한 채로
여인 속의 여인이었다.
허황한 꿈속을 헤매며
역사 속의 여인들을 난 찾고 있었나 보다.
이렇게 아쉬워할지라도
또다시 헤맬지 모른다.
그러다가 다시 만날지도 모른다.
역사 속의 여인으로.

아하, 여인이여
왜 사랑은 멀어져 가야 했는지
만나거든 꼬옥 감싸안고
〈열애〉를 부르며 더 이상 미워하지 않으리라.

벌써 밤은 지나고
새벽 종소리가 들려온다.
조간신문을 들고 들어와
머리맡에 올려놓던 손길이 그립다.
이제는 내 손으로
대문 밑에 놓인 신문을 주워 와야 한다.
여인의 손마디를 생각하며
여인의 슬리퍼 끌던 소리를 기억하며
여인의 슬퍼하던 눈망울을 보며.

사모곡(思母曲)

말없는 강물
소용돌이치는 어린 민(敏)이의 가슴
강기슭 올라앉아
떠나간 엄마를 부르며 목 놓아 웁니다.

저 멀리 강어귀에
서산 해 저무는데
엄마의 대답인 듯
뻐꾸기만 슬피 웁니다.

스산해진 강바람이 민이를 달래보지만
불러도 불러 봐도 대답 없는 엄마 그리다
엄마 품 그리워 떠나갑니다.

슬피 울던 뻐꾸기도 목이 쉬이고
말없는 강물은 민일 싣고
엉금엉금 엄마 찾아 저 멀리 떠나갑니다.

이별의 결말

30대 중년의 여자
9개월의 지루한 병원생활을 마친 후
가정으로 돌아왔을 때
정신적 이질감으로 인한
자신으로부터,
가정으로부터,
사회로부터 탈출하고 싶어 하는 충동질.
그녀는 해방감을 맛보려 하지만
주변 모든 것이 잃는 것일 뿐
얻는 것이라고는 아무것도 없다.
육신을 잃고,
순수를 잃고,
그로부터의 귀환은
자신과 아들의 영혼마저도 잃는다.
한번쯤은 앓게 되는 간헐적 질병이
간절한 이별의 결말이었다.

신라문화제(新羅文化祭) 기행

전통문화 창달(暢達)과 민족정신 선양(宣揚)을 위한
국내 최대의 지방문화제가
경주에서 3일간 시내 곳곳 성대히 치러지고 있다.
열차시간을 놓쳐
행사를 알리는 첫 행사 서제(序祭)에는 참석을 못했다.
점심 무렵 도착한 큰 거리에는
행사를 알리는 대형 아치와 함께
붉고 파란색의 관등(觀燈)들이 흔들거리며
상점마다 축제의 흥(興) 분위기를 부추기고 있었다.
터미널 앞 로터리는 인산인해(人山人海)를 누린다.
관내(管內) 고등학생과 일반인들로 구성된 행렬은
끝도 없이 길고 장엄하게 선을 잇고 있다.
한 컷이라도 놓칠세라 국내외 취재기자들까지도 바쁘다.
거리는 환성과 흥분의 도가니로 달궈지고 있다.

거리의 가장행렬(假裝行列)이다.
태초(太初)의 6부 촌장(村長)을 선두로
신라의 태동(胎動)에서부터

박씨 시조, 석씨 시조, 김씨 시조의
상징적인 전설의 문양(文樣)을 한 깃발이 나부낀다.
백마를 탄 왕자와 공주, 그리고 궁녀는
무희(舞姬)와 큰북을 선두로 궁중악단의 호위를 받으며
어가(御街) 행렬의 마차에 앉아있다.
귀품 있게 손을 흔들며
왕자와 공주는 백성들에게 답례한다.
큰북이 땅과 하늘을 울린다.
행차 가마에 붙은 오색 찬연한 장식품은
햇빛에 비쳐 눈이 부시다.
옛 신라의 부강했던 정치, 경제, 문화, 사회를
한눈에 보여주는 듯이 휘황 찬란히 빛나고 있었다.

모든 경주시민은 물론 전국적인 큰 축제행사에
천년을 이어온 신라 역사의 숨결이
다시 살아나 용솟음치는 듯하다.
선조들의 보살핌인양
날씨도 쾌청하고, 간간이 불어오는 가을바람이

축제의 분위기를 한껏 더해주고 있다.
금빛 찬란했던 신라의 역사가 재현 되면서
행렬은 끝이 보이질 않고 계속된다.
고고한 존재로 커다란 금관을 쓴 왕의 모습,
섧게 우는 아가의 울음인 듯 에밀레의 구슬픈 종소리,
천년 묵은 노룡(老龍)은 동해를 바라보며
슬픈 눈물을 흘리고 있다.
농자(農者)는 천하지대본(天下地大本) 깃발을 앞세우고
하얀 바지저고리에 누런 수건을 동여맨
신명나는 노랫가락에 태평성대의 기억을 소환한다.
농악소리는 우리민족의 흥이며 한(恨)이련만
오늘은 천년 신라의 숨결처럼 들린다.

꿈뻑이던 황소의 큰 눈이
농악대와 함께 멀리 사라지고 있다.
빚은 듯 정교한
석공의 솜씨로 다듬은 돌탑이 지난다.
국태민안(國泰民安)과

백성들의 희노애락(喜怒哀樂)을 모두 지켜봤을
부처의 말씀을 업은 다보탑과 석가탑이다.
주변에는 소원을 비는 탑돌이와 아낙네의 간절함이
가슴을 찡 울린다.
한참을 지난 행렬 끝에서 노룡(老龍)이 다시 몸부림친다.
눈물 흘리던 용이 더욱 섧게 운다.
포도(鋪道) 위에 누워
천년의 숨결에 종지부를 찍은 그들의 운명을 지켜보면서
경순왕과 같이 눈물을 훔치고 있다.
흥망성쇠의 천년세월을 어찌 감당할 수 있으련만
신라왕국의 패망은 있었을지언정
신라의 혼과 역사는 지금 이 순간도 이어지고 있었다.
신라의 숨결이여, 신라인의 넋이여!
찬란했고 융성했던 그만큼 다시 부활의 징을 울려라.
힘차게 큰북을 울려라.

길거리행사 관람을 끝내고
서라벌 문화회관으로 발걸음을 돌렸다.

신라미술의 문화 창달을 위해
조상들의 섬세했던 예술의 숨결을 찾아
장인들이 직접 만들어 출품한
예술작품들이 전시되어 있었다.
불선(佛善)의 향 내음이 벽걸이에 흠뻑 묻어 있다.
자연 속에 묻혀 있는 절은 하나의 일체(一體)로 놓여있고,
조각의 숨결은 바람에 뿌려질 듯
그 가냘픈 선율은 꿈속의 작품들이었다.
처음부터 끝까지 입만 쩍 벌리며 감탄하다가
두 손 모아 경건함을 오가며 행사장 출구를 나섰다.

어느덧 저녁 해 지고
〈에밀레 극회〉에서는 무영탑을 연극 공연한다.
앳된 볼에는 연지, 곤지 연분홍으로 한
화랑의 기녀(妓女)들이 있고,
술 따르던 어여쁜 기생의 얼굴들이다.
3년의 세월을 목 빠지게 기다리며 지내왔던
열녀(烈女) 아사녀가 스친다.

영지(影池)에 비치는 탑신(塔(身)이 남편의 넋이려니
그림자 따라 걸어 들어가는 아사녀를 뛰어들어 말리고 싶다.
오오, 사랑의 애달픔이여!
성스럽기까지 한
당신의 사랑과 수절은 천년을 지나도록 토함산을 맴돈다.

산자락이 휘돌아 있는 곳에서
천지를 울리는 시조(時調)경창대회가 한창이다.
신라인이 태어나고,
신라의 문학이 태동할 때부터 같이 살아온
한 가닥의 음률, 그 소리다.
구전(口傳)의 문학이 체계화 되면서부터
시조라는 하나의 문학 장르가 생겨났다고는 하지만
시조는 고려중엽부터
높은 선비들의 여가 즐김의 방편이며,
품위와 능력을 평가하는 잣대가 시조라는 것 아니던가.
흐르던 가락을 읊조림하며
묻혔다가 살아나고,

유행가로 빛을 못보고 살아는 남았지만
그래도 실망할 일은 아니다.
선조들의 발자취를 찾아나서는 젊은이들이 날로 많아져
계승 발전시키고자 하는 노력은 다행스런 일이다.
시조, 이는 한민족 겨레의 소리요,
선조들의 갈고 닦아온 삶이기에
창(唱)은 경건하며, 청중은 경청에 빠져있었다.
칠순 노인들의 숨 차오르는 창은
더욱 맛깔 나는 인생 회고록이며
인생철학의 다듬이질 같았다.
주름 잡힌 목 언저리에
불거진 힘줄에서 뿜어내는 어르신들의 열창은
젊은이들을 가르치는 힘찬 웅변이기도 했다.

온종일 쉴 새 없이 다리 아픈 줄도 모르고
즐거운 축제를 관람할 수 있어서 하루가 행복하고 뿌듯했다.
뜻 깊은 고도(古都) 경주에서의 기행을 마친다.
우리의 선조들은 세속(世俗)에 얽매여 살면서도

흥과 멋을 아끼며 사랑하며 지혜롭게 가꿔왔던 것이다.
신라 천년의 역사 속에서도
선조들의 숨결을 잊지 않고 계승하려는 노력은
눈물겹도록 고마운 일이었다.
세계 속에 한국의 문화를 알리고 발전시키고 있는
우리 젊은이들이 자랑스럽고 더 멋져 보인다.
신라의 얼이여, 한국의 얼이여! 영원하리라.

한번쯤은 앓게 되는 간헐적 질병이

간절한 이별의 결말이었다.

―「이별의 결말」 中

젊음의 자화상
ⓒ 최중영, 2024

인 쇄 일 2024년 7월 22일
발 행 일 2024년 7월 30일
지 은 이 최중영
발 행 인 이영옥

펴 낸 곳 도서출판 이든북
출판등록 제2001-000003호
주　　소 대전광역시 동구 중앙로193번길 73
전화번호 (042)222-2536
팩시밀리 (042)222-2530
전자우편 eden-book@daum.net

ISBN 979-11-6701-297-5(03810)
값 11,000원

* 잘못된 책은 바꾸어 드립니다.
* 이 책 내용의 일부 또는 전부를 재사용하려면 반드시
  저자와 이든북 양측의 동의를 받아야 합니다.